CIP-Titelaufnahme der Deutschen Bibliothek
Heymans, Joachim:
Trimilin Reboundung / Joachim Heymans.-
17. Aufl.-Dünzelbach: Heymans, 2004
ISBN 3-9802384-2-3

Satz: Joachim Heymans, Dünzelbach

Druck: Haseneder, Günzlhofen

17. Auflage

A.E. Carter sei Dank für seine vielfältigen Anregungen

Vorwort

Rebounding (von englisch rebound = zurückfedern) ist eine auch hierzulande immer populärer werdende Art des Körpertrainings, das - wie so vieles - aus Amerika zu uns kommt. Der Autor selber war einer der ersten, die den **Rebounder** zu Beginn der 80er Jahre in Europa bekannt machten und einem größeren Publikum, insbesondere in den deutschsprachigen Ländern, vorstellten.

Diese Broschüre wurde geschrieben, um möglichst vielen Menschen diese neue Form eines umfassenden, ganzheitlichen Körpertrainings nahezubringen.

trimilin

TRIMILIN REBOUNDING

von Joachim Heymans

Inhalt

Kapitel I

Warum brauchen wir Körpertraining?

Was wir heutzutage benötigen, ist ein umfassendes, ganzheitliches Körpertraining, das an die Stelle körperlicher Arbeit tritt. Diese wird heute kaum noch verrichtet. Sie wurde ersetzt durch Computer, Knopfdruck und das Motto "Arbeite intelligenter, nicht härter!". Wir haben eine extrem wohlhabende Gesellschaft hervorgebracht. Viele sind der Meinung, daß wir spätestens mit 30 bei einer Schreibtischtätigkeit angelangt sein sollten. Und wenn wir uns dann nicht mit 65 zur Ruhe setzen können, meinen wir, nicht erfolgreich genug gewesen zu sein.

Dieses Schreibtisch- und Computer-gesteuerte Leben hat beinahe zu einem physischen Bankrott unserer Bevölkerung geführt. Sogenannte Zivilisationskrankheiten stehen ganz oben auf den Krankenkassen-Hitlisten.

Schauen Sie auf Ihr eigenes Leben zurück! In welcher Zeit waren Sie Ihrer Meinung nach in der besten Verfassung? Wenn es bei Ihnen wie bei den meisten Menschen verlaufen ist, dann werden Sie sagen "Ja, meine letzten

Schuljahre und die Lehr- oder Studienjahre waren die Zeiten, in denen ich am schnellsten und ausdauerndsten laufen konnte. Selbst wenn ich erst spät nachts ins Bett kam, war ich am nächsten Morgen frisch genug, um zur Arbeit oder zur Schule zu gehen."

In der Geschichte der Menschheit war niemals ein größerer Bedarf für qualitativ gutes körperliches Training als gerade jetzt. Unglücklicherweise sind die meisten Fitnessprogramme so unbequem, daß die vielbeschäftigte Hausfrau, der ehrgeizige junge Angestellte oder der streßgeplagte Manager sich bestenfalls hin und wieder dafür begeistern können

Man sollte meinen, daß in dieser synthetischen Welt doch bald jemand ein Trainingsprogramm in Form einer Pille erfinden müßte. Gewichtheben, Jogging, Liegestützen etc. blieben uns dann erspart. Denn diese Übungen sind es doch, mit denen der durchschnittliche Gesundheitsenthusiast zufrieden sein muß, wenn er sich fithalten will.

Jedes Trainingsprogramm fordert seinen eigenen Preis. Schwimmen gehen z.B. ist sehr gesund, aber viele haben nicht die Zeit, es regelmäßig zu tun. Jogging ist gut für

Herz und Lunge, aber haben Sie die Zeit oder die Möglichkeit, regelmäßig ein Waldstück aufzusuchen, um, von Abgasen ungestört, eine halbe Stunde oder länger zu joggen - vorausgesetzt, Ihre Gelenke oder Bandscheiben sind nicht schon so weit geschädigt, daß Sie auf das Joggen ganz verzichten sollten?

Gibt es so etwas wie ein "umfassendes Training"? Eines, das praktisch jeder, ungeachtet von Alter, Geschlecht, physischer Verfassung oder Behinderung, betreiben könnte? Gibt es ein Training, das zur Lebensverlängerung beitragen kann, eines, das von Armen und Reichen gleichermaßen im eigenen Garten oder im Haus ausgeübt werden kann?

Ich persönlich glaube nicht, daß es eine vollwertige Alternative zu richtig harter Arbeit gibt, d.h. harter, körperlicher Arbeit, die atemlos macht und Schweiß treibt. Da aber diese Art der Existenz praktisch eliminiert wurde, sehen wir uns mit dem Problem konfrontiert, einen Ersatz finden zu müssen.

Um frei von Krankheiten zu bleiben und ein hohes Alter zu erreichen, war und ist es notwendig, fast täglich zu schwitzen. Sowohl für das Lymphgefäßsystem als auch für den Herzkreislauf sind die besten Übungen solche, die zum Schweißausbruch führen und den Herzschlag über einen längeren Zeitraum auf hohem Niveau halten.

Was tun?

Kapitel II

Gravitation - der entscheidende Bestandteil aller Trainingsformen

Widerstand gegen die Anziehungskraft der Erde ist die Quelle unserer physischen Stärke. Ein Baby hebt den Kopf mit Hilfe sehr schwacher Nackenmuskeln und beginnt die lebenslange Aufgabe körperlicher Übung. Ein kleiner Arm wird in die Luft gestreckt, fällt wieder zurück und winkt abermals. Dabei werden die Armmuskeln gestärkt. Später lernt das Baby, wie es zu kriechen, zu laufen, zu rennen und zu springen hat. Jeder Muskel des Körpers wird gestärkt, indem er sich gegen die immer vorhandene Kraft, die ständig auf ihn einwirkt, bewegt. Während der ersten 10 Jahre, den Jahren des Hauptwachstums im Leben des Kindes, ist der einzige Trainer die natürliche Anziehungskraft der Erde.

Das Kind braucht nicht die Namen der einzelnen Muskeln zu wissen oder sich auf bestimmte Übungen zu konzentrieren, um die entsprechenden Muskeln zu entwickeln. Es entwickelt sich alles ganz natürlich.

NOCH NIE ETWAS VON GRAVITATION GEHÖRT?
STAMDER

Wir können also sagen:

Der entscheidende Bestandteil in jeder Art von Training ist das Überwinden der Anziehungskraft der Erde.

Wissenschaftler erforschen seit über 300 Jahren die Gravitation. Sie messen deren Stärke und anderes. Die Frage "Was ist Gravitation?" ist jedoch immer noch ein Mysterium.

Der berühmte Physiker Albert Einstein hat 1911 eine neue Lehre über die Gravitation entwickelt. Er zeigte, daß Gravitation die gleichen Wirkungen hervorbringt wie Beschleunigung und Verlangsamung. Für den Körper gibt es in der Tat keine Möglichkeit zu unterscheiden zwischen Gravitation, Beschleunigung und Verlangsamung.

Im Gegensatz zur Gravitation sind wir sehr wohl in der Lage, sowohl Beschleunigung als auch Verlangsamung zu definieren und zu kontrollieren.

Stellen Sie sich vor, Sie treten auf das Gaspedal. Ihr Auto fährt schneller. Sie fühlen, wie durch die Beschleunigung Ihr Körper nach hinten in den Sitz gedrückt wird. Plötzlich läuft Ihnen ein Hund vor das Auto. Sie treten auf die Bremse und können fühlen, wie Sie durch die Verlangsamung nach vorne geschleudert werden. Um diese beiden Krafteinwirkungen zu kontrollieren, müssen wir unsere Muskeln anspannen.

Es gibt nur eine Möglichkeit, wie man hier auf der Erde das Gefühl der Schwerelosigkeit erfahren kann. Man müßte sich mit einer Beschleunigung von 9,81 m pro Sekunde^2 auf die Erdmitte zubewegen. Ein solches frei fallendes Objekt ist trotz der Erdanziehung gewichtslos. In der ersten Sekunde fiele man 9,81 m. In der zweiten Sekunde würde man 19,62 und in der dritten Sekunde 29,43 m etc. zurücklegen.

Die Astronauten haben schon lange bevor sie in ein Raumschiff einstiegen das Gefühl der Gewichtslosigkeit erfahren. Sie flogen in einem Flugzeug in große Höhe und tauchten damit in Richtung Erdmitte. Dabei erfuhren sie das Gefühl der Schwerelosigkeit, bis der Pilot die Maschine wieder hochziehen mußte, um einen Aufprall auf der Erde zu vermeiden.

Die meisten Leute haben keinen Zugang zu einem Flugzeug oder einem Raumschiff. Sie haben sich niemals damit beschäftigt, welche Auswirkungen die Gewichtslosigkeit einerseits und ein Anwachsen der Schwerkraft andererseits auf ihren Körper haben würde.

Auf dem Mond ist die Schwerkraft nur ein Sechstel so groß wie auf der Erde. Man würde dort nur einen schwächlichen Körper entwickeln, der gerade in der Lage wäre, gegen die Anziehungskraft des Mondes anzukommen. Würde man dann die Erde besuchen, könnte dieser Körper der sechsmal so großen Anziehungskraft nicht standhalten, so wie eine Qualle, die aus dem Wasser geholt wird und nicht die Kraft hat, sich auf der Erde zu bewegen.

Die umgekehrten Verhältnisse wurden demonstriert, als unsere Astronauten den Mond besuchten. Diese Männer mit einem Gewicht von 80 kg, die 57 kg an Ausrüstungsgegenständen mit sich führten, waren so stark, daß sie Schritte von knapp 5 m Länge machen konnten, Saltos in der Luft schlagen und gigantische Sprünge mit ihren "Superkörpern" ausführen konnten, die sich eben auf der Erde mit ihrer größeren Anziehungskraft entwickelt hatten.

Erhielten wir Besuch vom Jupiter, einem Planeten, dessen Durchmesser mehr als 11 mal größer als der Erddurchmesser ist, dann würde dieser Besucher einen viel kräftigeren Körper haben als wir, denn er müßte ja der Schwerkraft des Jupiters widerstehen können. Dieser Besucher wäre wahrscheinlich in der Lage, mit einem einzigen Satz über hohe Gebäude zu springen. Also entwikkeln sich Muskeln durch das Überwinden der Schwerkraft (Gravitation).

> Je größer die Gravitation, desto stärker
> wird jeder Muskel des Körpers trainiert.

Da wir nun wissen, wie sich Stärke entwickelt, wollen wir ein Trainingsprogramm ausarbeiten, und zwar eines, das im gleichen Moment den gesamten Körper miteinbezieht. Wir wollen uns einmal vorstellen, was mit unserem Körper geschehen würde, wenn wir die Schwerkraft regeln könnten.

Wenn wir unseren ganzen Körper gleichzeitig trainieren wollten, würden wir z.B. einen Knopf drehen, um die Schwerkraft zu erhöhen. Wir wären dann schwerer und unsere Muskeln würden angespannt, um dieser Kraft zu widerstehen. Auch z.B. das Muskelgewebe unseres Gesichtes würde sich gegen den Schädelknochen spannen. Danch würden wir den Knopf in die andere Richtung drehen, um den Druck wieder zu verringern.

Was wäre nun, wenn das Anwachsen der Schwerkraft nur eine halbe Sekunde dauern und sich dieses regelmäßig über einen bestimmten Zeitraum wiederholen würde? Was wäre, wenn jede halbe Sekunde mit erhöhtem Druck von einer halben Sekunde der Gewichtslosigkeit abgelöst würde, um sich zu entspannen?

Wieviele Muskeln in Ihrem Körper würden auf diese Weise trainiert werden? Wieviele Zellen würden den zusätzlichen Druck fühlen? Können Sie sich denken, daß irgendein Teil Ihres Körpers bei diesem Trainingsprogramm nicht miteinbezogen wäre?

Wir sind nicht in der Lage, die Erdanziehungskraft zu steuern, können jedoch Beschleunigung und Verlangsamung regeln. Und da Albert Einstein lehrt, daß Gravitation, Beschleunigung und Verlangsamung den gleichen Einfluß auf uns ausüben, kann durch das Kombinieren dieser Kräfte eine größere Anziehungskraft simuliert werden.

Beschleunigung und Verlangsamung verursachen eine größere körperliche Belastung. Der Widerstand gegen diese Belastung führt zu einem Zuwachs an physischer Stärke.

Ein Rebounder (von engl. rebound = zurückfedern) ist ein Minitrampolin mit einer runden, weich federnden Sprungmatte (Durchmesser ca. 1 m, Höhe ca. 25 cm). Ein Training auf diesem Gerät kombiniert die stets vorhandene Erdanziehung mit der Beschleunigung und Verlangsamung des Körpers. Dadurch entsteht eine G-Kraft, die wesentlich größer ist als jene, an die wir gewöhnt sind. (1 G = konstante Anziehungskraft der Erde auf den Körper, 2 G = doppelte Anziehungskraft usw.)

Wenn Sie auf einem Rebounder aufkommen, werden Sie weich abgebremst. Diese Kraft addiert sich zu Ihrem normalen Gewicht. Die Muskeln spannen sich aufgrund dieser Kraft. Die inneren Organe bewegen sich von ihrer Befestigung weg. Jede Zellwand wird aufgrund des erhöhten Drucks beansprucht. Jeder Teil des Körpers wird trainiert - von den Augenlidern bis zu den Zehen, von den Fingerspitzen bis zur Nase!

Am unteren Ende der Bewegung ist der Trainingseffekt am größten. Ob Gesichtsmuskeln, Bindegewebe oder innere Organe. Jede Zelle wird "massiert" und trainiert.

Der Körper verlangsamt seine Bewegung, bleibt stehen und wechselt die Richtung. Der festeste Teil des Körpers, das Skelett, wechselt die Richtung zuerst. Die Muskeln werden angespannt. Nicht eine einzige Zelle wird von diesem zusätzlichen Druck der Beschleunigung ausgenommen. Jede Zelle muß die Richtung wechseln, jede Zelle wird trainiert. Sie werden beschleunigt in die Luft gestoßen.

Die Erdanziehungskraft verlangsamt ihre Aufwärtsbewegung, bis sie die Schubkraft ausgleicht. In diesem Moment wird der Körper gewichtslos. Ein im Gravitationsfeld freifallendes Objekt hat kein Gewicht. Dieser Zustand der Gewichtslosigkeit dauert an, bis Ihre Füße die Matte wieder berühren. Im Zustand der Gewichtslosigkeit entspannen sich die Muskeln, die Zellen dehnen sich aus. Sie erleben so für einen kurzen Moment das einzigartige Gefühl des Schwebens. Wenn Sie wieder auf der Matte ankommen, beginnt der oben beschriebene Prozeß von neuem.

Nach einem derartigen Training erfreuen Sie sich einer angeregten Zirkulation des Blutkreislaufs, der frische Nahrung und größere Mengen Sauerstoff zu jeder Zelle bringt. In der Regel spüren Sie ein prickelndes Gefühl in Ihrem Körper.

Ab dem oberen Ende der Bewegung:
Entspannt und gelöst in einem kurzen Moment
der Schwerelosigkeit.

Kapitel III

Rebounding - Das umfassende Ganzkörpertraining

Der wichtigste Beitrag jeder Art von Training ist, die organischen Funktionen des Körpers zu fördern, ohne dabei die Gesundheit oder das Wohlgefühl zu beeinträchtigen.

Der menschliche Körper umfaßt viele komplizierte Systeme, die ineinandergreifen und funktionieren müssen, um die Gesundheit aufrechtzuerhalten. Eine umfassende Darstellung dieser Systeme ist schon aus Platzgründen hier nicht möglich. Wir können nur kurz die Auswirkungen des Reboundings auf einige dieser Systeme darstellen.

III 1. Rebounding und die Zelle

Die Zelle, eine interne Verbrennungskammer, ist der Ort, an dem Sonnenenergie (in Form von Nährstoffen) in Muskelkraft und Wärme umgewandelt wird. Diese Verbrennung kann nur stattfinden, wenn innerhalb der Zellwand Sauerstoff als Katalysator vorhanden ist. Dieser Vorgang, milliardenfach wiederholt, hält den Körper warm.

Der Körper des Erwachsenen umfaßt ca. 40 Trillionen (plus/minus einige Milliarden) Zellen und 9 Milliarden Nervenzellen, die das Gehirn und das zentrale Nervensystem bilden. Jede Zelle besitzt den vollständigen Plan des Gesamtorganismus. Sie "liest" aber nur jenen Teil, der sie betrifft. Jeder Zelle ist vorherbestimmt, eine bestimmte Aufgabe zu erfüllen. Eine Muskelzelle erledigt die Aufgabe einer Muskelzelle; eine Leberzelle die einer Leberzelle. Jede Zelle weiß um ihre Aufgabe und handelt danach, solange sie lebt. Gelangt eine Zelle an das Ende ihres Lebenszyklus, was von einigen Stunden bis zu einer Lebensdauer des gesamten Körpers dauern kann, dann bildet sie ein Hormon, das die Geburt ihrer Nachfolgerin anregt.

Wenn wir bei guter Gesundheit sind, dann befinden sich alle Zellen in einem dauernden Stadium der Erneuerung. Kräftige Zellen bleiben erhalten oder sie werden durch andere kräftige Zellen ersetzt. Schwache Zellen werden eliminiert. Dieser Vorgang ist zur Erhaltung des Lebens unabdingbar notwendig.

In der Jugend vermehren sich die Zellen in weitaus größerem Umfang als nur zu ihrer Erneuerung. Der Überschuß der Zellbildung stellt den Wachstumsprozeß dar. Sobald wir der Reife entgegengehen, verlangsamt sich dieser Prozeß; er funktioniert aber in ausreichendem Maße, um den Nachschub neuer Zellen im Falle von Krankheit oder Unfällen sicherzustellen.

Zahllose Experimente haben die unzerstörbare Qualität der Lebenskraft der Zellen bewiesen. Eines der bemerkenswertesten biologischen Experimente des 20. Jahrhunderts wurde von dem französischen Wissenschaftler Alexis Carrel durchgeführt. Er untersuchte, wie lange eine Zellgruppe außerhalb des Körpers am Leben bleiben würde. Er legte Teile eines Hühnerembryos in Nährlösung in einen Brutkasten. Am 66. Tage begannen die Herzzellen eine rhythmisch-pulsierende Bewegung zu zeigen.

Carrel hielt dieses Stück eines Hühnerherzens 34 Jahre lang am Leben.

Das ist länger als 8 Hühnergenerationen! Es zeigten sich keine Anzeichen von Alter oder Degeneration an der Zellgruppe, die - wie es schien - für immer hätte am Leben erhalten werden können.

Dieser Versuch sowie andere ebenso aufschlußreiche Versuche zeigen, daß der Körper so gesund ist, wie sein Zirkulationssystem. Wäre dieses in der Lage, den Zellen kontinuierlich den richtigen Brennstoff und Sauerstoff zuzuführen sowie die verbrauchten Stoffe aus den Zellen zu entfernen und jede Zelle mit den entsprechenden Aufbaustoffen zu versorgen, wann immer notwendig, dann wären die Zellen wohl in der Lage, sehr sehr lange weiterzuleben.

Eine Krankheit des Körpers scheint also demnach eine Krankheit der Zellen zu sein, dadurch verursacht, daß das Zirkulationssystem nicht richtig funktioniert. Lange bevor Sie merken, daß Sie krank sind, sind Ihre Zellen in größerem Maß abgestorben als für die Erneuerung notwendig. Starke Zellen wurden durch schwache ersetzt, und oftmals fühlen Sie sich viel zu früh im Leben ständig müde, niemals richtig fit genug, um das Leben so zu genießen, wie Sie dies einmal konnten. Sie bekommen jede Erkältung und Grippe, die in der Nachbarschaft grassiert.

Oftmals liegt die Todesursache des Körpers darin, daß der gesamte Körper altert, weil die Zirkulation schlecht funktioniert und Zellen produziert werden, die nicht voll funktionstüchtig sind und die nicht durch das Körperabwehrsystem zerstört wurden. Schwache, ungesunde Zellen können keine starken Zellen reproduzieren. Wenn die kränklichen Zellen millionenfach sterben und von anderen kränklichen Zellen ersetzt werden, dann folgt rasch der Tod dieses Körpers.

Nehmen wir einmal an, Sie wären aufgrund des Reboundings in der Lage, bei diesem Training die Anziehungskraft der Erde auf Ihren Körper zu verdoppeln. Jede Zelle würde diesen Druck fühlen. Jede einzelne Zelle würde ihre Zellwände verstärken. Zum Zellaufbau würden mehr Protein und Kalzium verwendet werden.

Wird jede einzelne Zelle stärker, dann wird auch der Muskel, das Organ oder der Knochen, zu dem sie gehört, stärker werden. Jede schwache Zelle wird gestärkt oder beseitigt, um stärkeren Zellen Platz zu machen, die der erhöhten Anziehungskraft standhalten können.

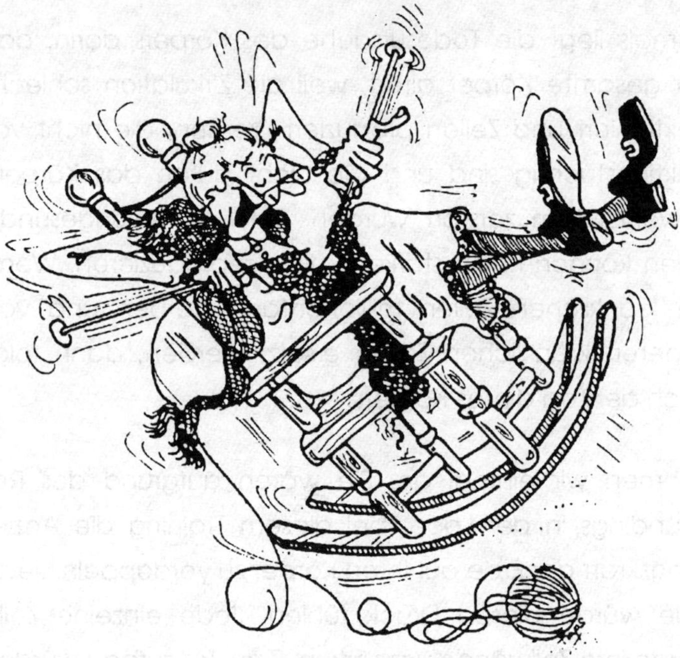

Rebounding hält jung!

III 2. Rebounding und das Herzgefäßsystem

Sauerstoff und Nahrung werden durch den Blutstrom zu den Zellen transportiert - eines der erstaunlichsten Beförderungssysteme, die es gibt. Der gesamte Transportweg, über den Sauerstoff und Nahrung zu jeder Körperzelle transportiert wird, kann bis zu 160 000 km betragen. Jeder Mensch verfügt über ca. 4,5 bis 8 Liter Blut, das vom Herzen etwa 1500 Mal täglich durch den Körper gepumpt wird.

Das Blut nimmt die Nahrung vom Dünndarm auf, den Sauerstoff von der Lunge und befördert beides zu den Kapillaren, den Endpunkten des Lymphsystems. Dort findet ein Austausch gegen verbrauchte Stoffe statt. Diese werden durch den Blutstrom zu Niere und Lunge befördert.

Experten stimmen darin überein, daß Fitness das Ergebnis einer guten Zirkulation und eines starken Herzens ist. Ein starkes Herz ist eines, das langsamer schlägt, weil es wirksamer arbeitet. Das Schlagvolumen wird erhöht, so daß weniger Herzschläge für ein gegebenes Volumen erforderlich sind. Auch geht der Herzschlag nach erhöhter Aktivität rascher auf das normale Maß zurück.

Das Herz ist ein Muskel, der trainiert und gestärkt werden kann wie jeder andere Muskel. Ist das Herz aufgrund mangelnden Trainings schwach, dann wird bei jedem Herzschlag nicht das gesamte Blut aus der Herzkammer gepreßt. Das Herz muß öfter schlagen, um die gleiche Menge zu befördern.

Eine Person in schlechter Verfassung hat gewöhnlich Übergewicht. Hunderte von Kilometern an extra Kapillargefäßen mußten dem Zirkulationssystem hinzugefügt werden, um das zusätzliche Fettgewebe zu bedienen. Das verlangt dem bereits überarbeiteten, nicht ausreichend wirksamen Herzen zusätzliche Anstrengungen ab.

Übermäßiges Fettgewebe ist eine große Gefahr für die untrainierte Herzmuskulatur.

Wir wundern uns, warum wir so außer Atem geraten, wenn wir Treppen steigen. Wir sagen dann, daß sich unser Alter zeigt und wir steigen die Treppen langsamer. Wir fühlen plötzlich einen noch nie dagewesenen Schmerz und entscheiden, daß wir uns in Zukunft noch weniger anstrengen werden. Wir mußten unseren Gürtel gerade um ein Loch erweitern. Wir hören, daß Leute mit Übergewicht leichter zu Herzkrankheiten neigen - also entschließen wir uns, das Herz von harter Arbeit zu verschonen. Wenn sich dann in unserem Leben eine unerwartete Anstrengung ergibt, kann es leicht zu einem Kollaps kommen.

Ärzte stimmen im allgemeinen darin überein, daß die größte Gefahr für ein langes Leben der Bluthochdruck und ein hoher Cholesteringehalt im Blut sind. Diese Zustände werden durch Rauchen, Fettleibigkeit, ungenügendes körperliches Training, Anspannung und Streß sowie durch Erbanlagen hervorgerufen. Alle diese Faktoren, mit Ausnahme der letzten, können geändert werden. Die Lösung ist einfach: Anstelle einer Zigaretten- oder Kaffeepause sollten Sie eine **Rebounding-Pause** einlegen!

Anspannung und Streß tragen zu einem hohen Cholesterinspiegel bei.

Rebounding entspannt und baut Streß ab. Es stärkt jede Herzzelle, jede Arterie und jede Vene. Das Zirkulationssystem wird außerordentlich wirksam, kräftig und gesund.

Bei einem solchen Training verbraucht jede Zelle auch mehr Kalorien. Dabei wird angelagertes Fett verbrannt. Dies hilft, Ihr Gewichtsproblem zu lösen. Sie sollten zudem auf eine ausgewogene Ernährung achten und sich mit den notwendigen Nähr- und Aufbaustoffen versorgen.

Sie werden erleben, daß Ihr Körper mit ausreichendem Rebounding in der Lage ist, Streßsituationen besser zu verarbeiten, so daß die nervöse Anspannung vergeht. Ihre Zellen werden mit dem lebensnotwendigen Sauerstoff versorgt. Sie sind konzentrierter bei Ihrer Arbeit, aufmerksamer zu Hause und Sie werden leichter zu einer guten Nachtruhe kommen.

So macht das Leben Spaß!

III 3. Rebounding und das Muskelsystem

Der menschliche Körper verfügt über mehr als 650 Muskeln. Jeder Muskel ist in der Lage, ein Gewicht, das mehr als tausendmal sein Eigengewicht übersteigt, zu heben.

Einige Muskeln funktionieren automatisch, z.B. die Muskeln, welche die Nahrung durch das Verdauungssystem befördern, die Lungen zur Ausdehnung bringen oder den Blutdruck regulieren. Die Herzmuskeln arbeiten bereits, ehe wir geboren werden und tun dies bis zu unserem Tode.

Die willkürlichen Muskeln sind jene, an die wir im allgemeinen denken, wenn von Muskeln die Rede ist. Sie bewegen sich aufgrund eines Befehlssignals, also eines elektrischen Impulses, der vom Gehirn ausgesendet wird. Dieser Impuls bewirkt ein Zusammenziehen des Muskels.

Im allgemeinen denken wir, man müsse einen Muskel ständig bewegen, um ihn zu stärken. Wollte man den Biceps stärken, dann müßte man ihn unter Belastung für eine gewisse Dauer kontrahieren, wie z.B. beim Gewichtheben. Dies ist tatsächlich der übliche Weg des Muskeltrainings.

Warum einfach -
wenn`s auch schwer geht?!

Wenn dies jedoch der einzig mögliche Weg wäre, dann müßte man alle 650 Muskeln identifizieren und sich dann Übungen ausdenken, die speziell jeden Muskel berücksichtigen. Ein nicht identifizierter Muskel würde dann leicht übersehen werden. Er würde bis zu einem Punkt verkümmern, wo er gebrauchsunfähig wäre. Es ist gut, daß sich die Sache nicht so verhält, denn zur Zeit des Wachstums, in der wir das meiste Training benötigen, sind wir zu jung, um etwas darüber zu wissen.

Wenn nun Muskeln auf andere Weise gestärkt werden können, als jeweils einen nach dem anderen anzuspannen, wie sieht diese andere Weise aus? Die Antwort ist verblüffend einfach! Indem der Widerstand der Erdanziehungskraft überwunden wird. Nun - das ist nichts Neues. Wir alle wissen es. Aber es ist so einfach, daß niemand überhaupt daran dachte.

Die meisten Trainingsprogramme, die der Mensch zur Stärkung des Körpers entwickelt hat, arbeiten mit dem direkten oder indirekten Einfluß der Schwerkraft. Bodenübungen, Liegestütze, Gewichtheben, Radfahren, Rennen, Jogging, Klettern und Seilspringen - dies alles entwickelt Muskelstärke, indem die Erdanziehungskraft überwunden wird.

Jede dieser Übungen ist dazu bestimmt, sich nur auf ganz bestimmte Muskeln zu konzentrieren. Das ist der Grund, warum ausgewogene Trainingsprogramme viele verschiedene Übungen empfehlen.

Wenn Sie jedes heute bekannte Trainingsprogramm überprüfen, werden Sie sehen, was über den Widerstand der Schwerkraft gesagt wird. Die Antwort lautet: "NICHTS"! Man arbeitet nach dem Prinzip, jeden einzelnen Muskel für sich zu trainieren, wie z.B. bei Liegestützen zum Trainieren des Triceps. Dies hat Erfolg. Es gibt jedoch einen einfacheren Weg!

Rebounding stärkt jede einzelne Zelle in jedem Muskel Ihres Körpers. So ist es möglich, Kraft und Ausdauer zu erwerben, die neuro-muskuläre Effizienz, Muskelgröße und möglicherweise auch die Größe und Anzahl funktionierender Blutgefäße im Gewebe zu erhöhen.

Ein gemäßigtes Rebounder-Trainingsprogramm verschafft Ihnen alle Übungen, die notwendig sind, um den Körper gesundzuerhalten.

Ein intensives Trainingsprogramm vergrößert Umfang und Stärke der Muskelfasern. Dabei werden die Muskeln dichter und schwerer. Es bewirkt auch eine Konzentration von Protein als verbindendes Gewebe zwischen den Muskelfasern. Rebounding bewirkt ebenso eine Verstärkung der Bänder, Sehnen und des Bindegewebes und vermindert Muskelkater.

Auch die für eine größere Effizienz und Stärke notwendigen chemischen Veränderungen finden statt. Es ist mehr Muskelprotein und Muskelhämoglobin vorhanden. Im Muskel werden größere Mengen Glykogen, Kreatin und Myhaematin gelagert, so daß er für jede etwaige physische Sofortreaktion gerüstet ist.

Wie A. Carter in seinem Buch "Miracles of Rebound Exercise" schreibt, ist er mit 38 Jahren in der Lage, ohne Unterbrechung 100 Liegestütze zu machen. Und dies nicht etwa, weil er Liegestütze trainiert hätte. Nein - er hat 24 Jahre lang auf dem Rebounder trainiert.

Wenn dies nun so klingt, als wollte ich Ihnen sagen, daß die einzige Übung, die Sie tatsächlich brauchen, um in Form zu bleiben, Rebounding ist, dann haben Sie ganz richtig gelesen. Wenn Sie Freude am Jogging haben, dann machen Sie das ruhig weiterhin. Wenn Sie gerne Liegestütze machen - nur zu! Wollen Sie Tennis oder

Fußball spielen, dann tun Sie das. Sie werden durch Rebounding in wesentlich besserer Verfassung für all diese Aktivitäten sein. Sollte es jedoch regnen, dann erkälten Sie sich besser nicht draußen. Bleiben Sie im Haus und trainieren Sie auf einem Trimilin. Zweimal 5 Minuten täglich reichen aus, um die Durchschnittsperson physisch fitzuhalten.

Ich bin fit!!

III 4. Rebounding und das Lymphgefäßsystem

Jede Zelle unseres Körpers wird fortwährend in einer wässerigen Gewebeflüssigkeit, der Lymphe, gebadet, die vom Blutsystem abgesondert wird. Etwa 85% der Körperflüssigkeit ist Lymphe. Immer wenn eine Zelle Nahrung, Aufbaustoffe oder Sauerstoff vom Blut erhält, sind diese Stoffe vom Blut kommend durch die Gewebeflüssigkeit geleitet worden. Ebenso werden alle verbrauchten Stoffe aus dem Stoffwechsel der Zelle durch diese Flüssigkeit in das Blut zurückgeleitet.

Es ist sehr wichtig, dieses System in Zirkulation zu halten. Dabei gibt es ein Problem: das System besitzt kein Herz. Während das Blut vom Herz angetrieben etwa 1.500 mal täglich zirkuliert, gibt es, um die Lymphe aktiv zur Zirkulation zu bringen, nur die folgenden Möglichkeiten:

1. Die Atmungsbewegung der Lunge

2. Kontraktionen der Muskeln im Körper

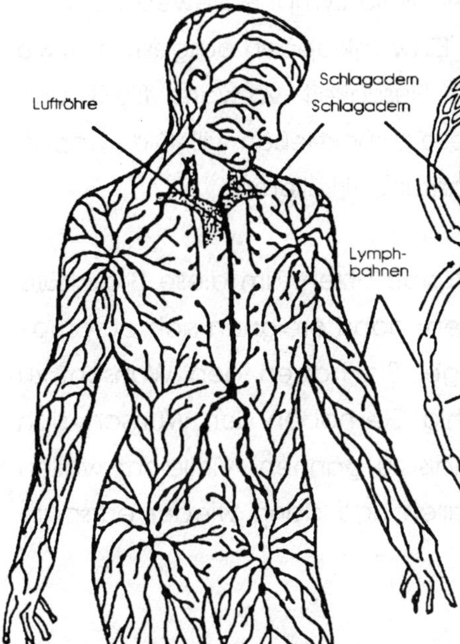

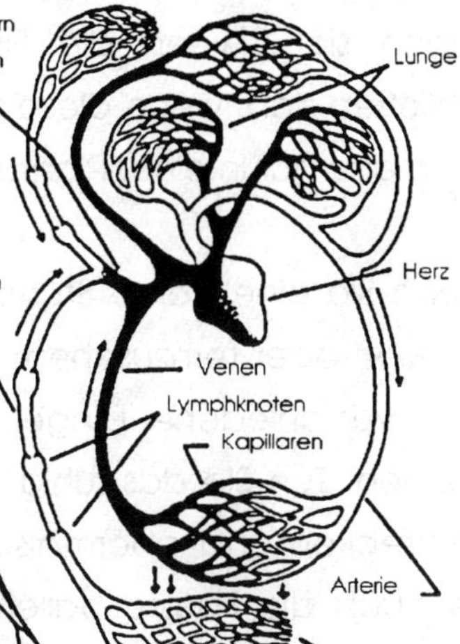

Das Zirkulationssystem

Das Lymphgefäßsystem

Die Kanäle, durch die sich die Lymphe bewegt, ähneln den Venen. Sie sind mit Einwegklappen ausgestattet. Sie öffnen sich, wenn die Flüssigkeit vorwärts fließt und schließen sich, wenn diese zurückfließen will. Die Lymphe kann also nur in einer Richtung zirkulieren.

Wenn Sie eine halbe Stunde sitzen, um diese Broschüre zu lesen oder fernzusehen, dann ereignen sich automatisch verschiedene Dinge. Sie haben den Wunsch, zu gähnen. Tun Sie das ruhig. Sie haben den Wunsch, sich zu strecken und abermals zu gähnen. Vielleicht wollen Sie auch die Fäuste ballen und dann wieder entspannen.

Ihr Körper sagt Ihnen, daß Ihre Zellen Bewegung brauchen, um das Lymphgefäßsystem in Gang zu halten und Sauerstoff zuzuführen.

Wenn Sie nicht in der Lage sind, die notwendige Bewegung durchzuführen, passiert folgendes: Sie werden entweder extrem unruhig oder Sie schlafen ein. Einige Minuten auf dem Rebounder ist das Beste, was wir uns morgens früh gönnen können.

Vielleicht sollte nicht nur auf Arzneiflaschen und Farbdosen die Aufschrift stehen "Vor Gebrauch gut schütteln!". Wir wären wahrscheinlich gesünder, wenn wir das Gleiche für uns selber beherzigten.

Es hat sich gezeigt, daß Rebounding die mit Abstand beste Trainingsform ist, um die Lymphzirkulation anzuregen. Bei keinem anderen Training erreichen Sie mit so wenig Anstrengung einen so umfassenden Zelldruckwechsel. Am obersten Punkt der Bewegung sind Sie gewichtslos, Ihre Zellen expandieren und nehmen Gewebflüssigkeit auf. Wenn Sie auf der Matte landen, werden die Zellen zusammengedrückt und die überschüssige Flüssigkeit aus den Zellen in das Lymphsystem gepreßt. Die Einwegklappen gestatten ein Vorwärts - aber kein Zurück.

Der beständige Wechsel zwischen gänzlicher Schwerelosigkeit und dem 2- bis 3-fachen der normalen G-Kraft massiert jede einzelne Zelle. Es gibt tatsächlich kein besseres Training als Rebounding, um das Lymphsystem in Zirkulation zu halten!

Rebounding bringt verbrauchte Energie sofort zurück!

III 5. Rebounding und das Knochensystem

Es ist allgemein bekannt, daß ein gutes Training für das Wachstum und die Entwicklung und Erhaltung des Knochensystems bei Kindern und Erwachsenen wichtig ist. Gesundes Knochengewebe entsteht durch ausreichende Muskelspannung und durch die täglichen Belastungen, denen der Körper ausgesetzt ist.

Rebounding stärkt die Knorpel der Gelenke, erhöht die Produktion roter und weißer Blutkörperchen im Rückenmark und erhöht die Anzahl kollagenhaltiger Fasern, die einen stärkeren und besseren Schutz der Gelenke bilden. Das Training stimuliert den Teil des Knochens zwischen Stamm und Knorpel und ermöglicht maximales Wachstum des Knochens. Wir sehen, wie wichtig es ist, daß unsere Kinder in den Jahren der Entwicklung ihren Körper trainieren.

Obwohl unsere mehr als 200 Knochen zu über 30% aus Wasser bestehen, sind sie stärker als Stahl. Im Knochenmark wird das Blut erzeugt. Im Durchschnitt wird der gesamte Blutvorrat jeweils nach 40 bis 50 Tagen erneuert.

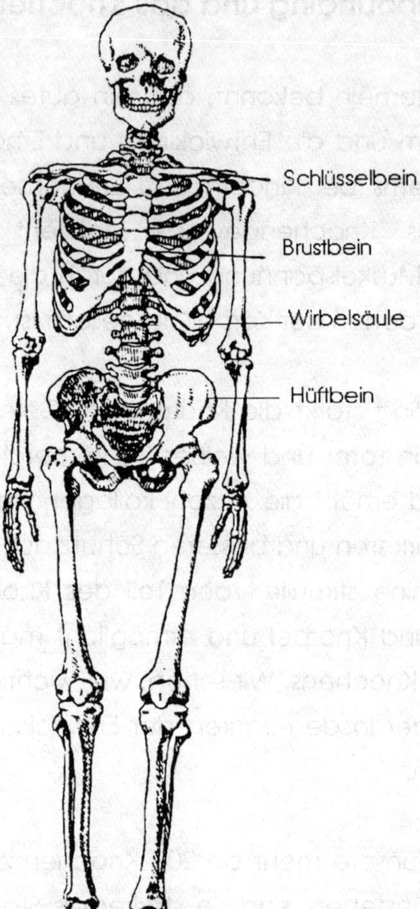

Rebounding stimuliert das Wachstum, stärkt die Struktur und erhält die Stabilität unserer mehr als 200 Knochen.

Das Skelett formt sich ständig neu, entsprechend der Belastung, die auf ihm liegt, während der Körper bewegt wird. Jeder Knochen ersetzt ständig alte, nicht beanspruchte Knochenfasern durch neues Knochenmaterial. Die Struktur wird gestärkt, solange der Körper trainiert wird. Jede Belastung, außer ein Bruch, führt zu einer verstärkten Ablagerung neuen Knochenmaterials und bewirkt einen bemerkenswerten Zuwachs an Knochenstärke.

Osteoporose, ein Zustand der Porenvergrößerung in den Knochen, ist im Alter nur zu bekannt. Der Mineralgehalt, die Kalziumsalze, Knorpel und Fasern schwinden. Die Knochen werden dünn, weniger dicht und zerbrechlicher. Es besteht ein größeres Risiko von Frakturen. Diese Situation muß nicht sein. Bei Menschen in Rußland, die älter als 100 Jahre wurden, hat man gesehen, daß die Knochen dieser aktiven, alten Leute mineralhaltig, dicht und stark blieben. Im Zustand der Inaktivität jedoch, ganz gleich in welchem Alter, beginnt der Prozeß der Atrophie. Die Knochen werden dünn und zerbrechlich.

Das amerikanische Gesundheitsministerium hat eindeutig dargelegt, daß das Wirken der Erdanziehung auf das Knochensystem notwendig ist, um starke Knochen zu erhalten. Das große Risiko der Raumfahrt für die Astronauten lag in der längeren Gewichtslosigkeit. Obwohl die Männer einen strengen Übungsplan absolvieren mußten, gaben die Knochen Kalzium und Mineralien an das Blut ab. Und zwar weit mehr, als der Körper ausscheiden konnte. Der fortgesetzte Zustand der Schwerelosigkeit brächte nicht nur schwächere und zerbrechlichere Knochen hervor, sondern der erhöhte Kalziumspiegel des Blutes würde sich in den Nieren in Form von Nierensteinen ablagern.

Wissenschaftliche Untersuchungen zeigen uns, daß die Knochen so zerbrechlich sind, wie wir es ihnen erlauben. Wenn wir unser Knochensystem nicht ausreichend fordern, wird es geschwächt. Wenn wir unser Leben lang von unserem Körper Stärke fordern, indem wir trainieren und harte körperliche Arbeit leisten, dann bleiben auch die Knochen stark.

Durch das Überwinden der Erdanziehungskraft trainieren wir beim Rebounding mit jedem Sprung jede Zelle unseres gesamten Knochensystems.

Das Knochensystem ist der starrste Teil unseres Körpers. Daher sind die Knochen am empfindlichsten für Schocks

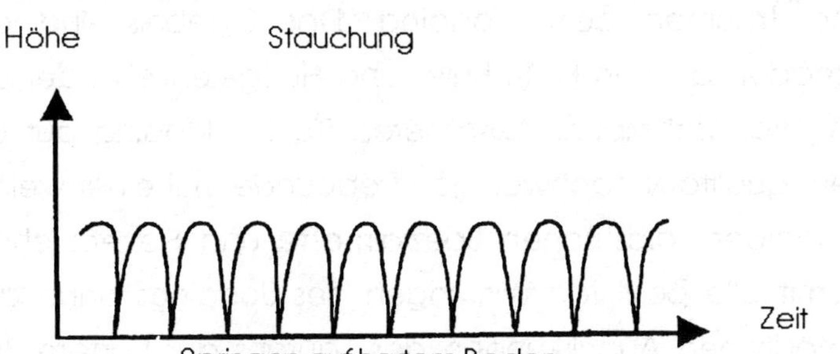

Springen auf hartem Boden

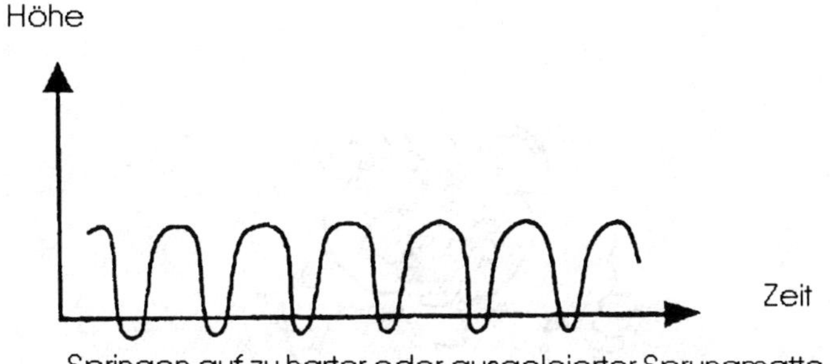

Springen auf zu harter oder ausgeleierter Sprungmatte

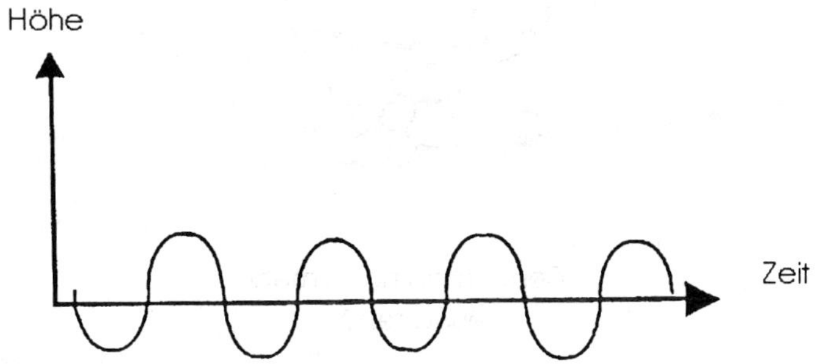

Springen auf einer hochelastischen Sprungmatte
mit weicher Federung

und Traumen beim Jogging. Das Ergebnis sind oft Schäden an den Fuß-, Knie- und Hüftgelenken oder an den Bandscheiben. Absolvieren Sie Ihr Jogging auf einem qualitativ hochwertigen Rebounder mit einer weich federnden, elastischen Spezialmatte und Sie erreichen damit alle positiven Wirkungen des Joggings ohne die schädlichen Auswirkungen des Laufens auf hartem Boden.

Könnte man noch mehr
erwarten?

Kapitel IV

Der Rebounder als Trainingsgerät

Beginnen Sie mit dem Training auf einem Rebounder langsam, d.h. machen Sie eine leichte Gehbewegung, zwei bis drei Minuten täglich. Hüpfen Sie nicht sofort mit geschlossenen Beinen auf und ab, sondern machen Sie eine Geh- oder Laufbewegung. (Wenn Sie Bandscheiben- oder Gelenkprobleme haben, sollten Sie solche Sprünge ganz meiden!).

Steigern Sie sich täglich um etwa eine Minute, bis Sie später 15 Minuten intensiven Trainings gut durchführen können.

Sie können die verschiedensten Übungen machen, achten Sie aber darauf, daß Beine und Arme gegengleich arbeiten; so sollte z.B. bei einer Windmühlen-Bewegung der rechte Arm unten sein, während das rechte Knie oben ist, und umgekehrt.

Beispiel: Windmühle

Bei diesen gegengleichen Bewegungen lernen Sie, die linke und rechte Körperhälfte miteinander zu koordinieren und zu harmonisieren.

Speziell für das Trimilin gibt es auch ein komplettes Übungsprogramm, das Sie zusammen mit dem Trimilin anfordern können.

Zum Beispiel:

Knie durchgedrückt, Arme gerade, Hände nach aussen abgewinkelt, Schulter bei jedem Hüpfer locker hochziehen.

Karate - Hände gerade, ein Arm seitlich gestreckt, den anderen Arm zur Brust, abwechselnd Karateschläge.

Beachten Sie als allgemeine Regel
für jede Art von Training:

1. Fitness geht wieder **verloren**, wenn Sie nur **2 mal wöchentlich** oder weniger trainieren.

2. Fitness kann **aufrechterhalten** werden, wenn Sie **3 mal wöchentlich** trainieren.

3. Fitness wird **verbessert**, wenn Sie **6 mal wöchentlich** trainieren.

Darum:
Täglich Rebounding

Acht Regeln für Personen mit Übergewicht:

1. Essen Sie weniger Zucker
2. Essen Sie weniger Fett.
3. Essen Sie öfter kleinere Mahlzeiten. Sie brauchen nicht zu fasten.
4. Bevorzugen Sie Nahrung mit Ballaststoffen.
5. Essen Sie vitaminreiche Kost.
6. Essen Sie weniger Salz.
7. Trainieren Sie 15 Minuten täglich auf dem Trimilin.
8. Wollen Sie Ihr Gewicht schnell reduzieren, dann essen Sie weder Fett noch Zucker und trainieren Sie 3 mal täglich 15 Minuten auf dem Trimilin.

Was sollten Sie beim Kauf eines Rebounders beachten?

Es gibt eine ganze Reihe von Geräten veschiedenster Art und Qualität auf dem Markt. Sie unterscheiden sich durch die gewählten **Rohstoffe**, die **Verarbeitung** und die **Anordnung der Federn**.

Sprungmatte und **Federn** sind die wichtigsten Teile eines Rebounders. Eine schlechte Sprungmatte verliert ihre Spannkraft. Sie leiert immer mehr aus und hängt schließlich durch, wenn man sie betritt. Der Benutzer wird nicht mehr sanft nach oben getragen, sondern bleibt unten.

Ähnliches gilt für die Federn. Ein billiger Federstahl wird schnell spröde. Sie merken es daran, daß die Federung immer härter und unnachgiebiger wird. Sie werden ziemlich abrupt abgebremst.

Ein guter Rebounder hat eine **weiche elastische Federung** und behält diese über **Jahre hinweg**. Testen Sie den Rebounder bevor Sie ihn kaufen. Nur eine weiche Abfederung ist gut für Gelenke und Wirbelsäule. Fragen Sie nach der Garantie. Mit der gesetzlichen Gewährleistung von lediglich 6 Monaten sollten Sie sich nicht zufriedengeben.

Die **Aufhängung der Federn** in Matte und Rahmen ist oft ein Problem. Bei Billiggeräten sind die Federn oft blank und ohne Schutz in Rahmenlöcher eingehängt. Der Federstahl zerstört nach und nach durch die Reibung den weicheren Rahmenstahl. Die Federn kerben sich immer tiefer in den Rahmen ein. In einem guten Rebounder sind die Rahmenlöcher durch Spezialösen geschützt oder man verzichtet gänzlich auf Löcher im Rahmen und wählt eine andere Federaufhängung.

Der Qualitätsunterschied bestimmt letztlich den Preis. Es gibt Rebounder für weniger als € 50,-- bis hinauf zu € 250,-- und mehr.

Probieren Sie aus und vergleichen Sie insbesondere das **Sprungverhalten** bevor Sie einen Rebounder kaufen. Für gesundheitliche Zwecke sollten Sie auf eine gelenkschonende weiche Federung achten.

Einige Fallberichte aus der Praxis von Dr. G.W.P. Davison, Naturheilarzt:

Frau Suzy M.

Krankheitsgeschichte:
Schon lange andauernde Schmerzen im Lendenwirbelbereich. Frühere Leiden sprachen auf Behandlung immer nur langsam an.

Beschwerden:
Extreme Schmerzen im Lendenwirbelbereich. Große Schwierigkeiten beim Gehen, Bewegen, etc. . War praktisch ständig in stationärer Behandlung.

Behandlung:
Therapien sprachen sehr wenig an, obwohl viel Zeit und Mühe aufgewendet wurde. Patientin wurde einen Monat nach letzter Behandlung kontaktiert und immer noch mit großen Schmerzen aufgefunden, bettlägerig. Sie konnte gerade bis zur Toilette gehen (eine vor kurzem erreichte Verbesserung). Ein Arzt besuchte sie und konnte nur noch Einweisung ins Krankenhaus empfehlen.

Rebounder:

Wir liehen ihr einen Rebounder, und sie benutzte ihn sehr leicht, 30 Sekunden jede Stunde (längere Benutzung verursachte Schmerzen). Nach 4 Tagen ging es ihr viel besser, sie ging umher und machte Hausarbeit! Sie hatte noch Schwierigkeiten, längere Zeit zu sitzen.

Frau J.B., Alter 49:

Krankheitsgeschichte:

Chronische Sinusblockaden (Nebenhöhlenverklebung) seit langer Zeit. Heuschnupfen, Fieber und verschiedene andere Probleme. Operationen der Nasenwände.

Beschwerden:

Patientin berichtete, daß sie seit vielen Wochen einen "Ziegelstein" in ihrem Kopf habe, d.h. eine vollkommen verklebte Nase. Ein Spezialist berichtete über Schwellungen und Entzündung der Nasenmembranen.

Rebounder:

Patientin benutzte Rebounder einen Tag lang, 6 Mal, jedes Mal für eine Minute. Am nächsten Tag vollständige Loslösung von Schleim und Säuberung der Nebenhöhlen! Der Spezialist stellte mit Erstaunen fest, daß keine Schwellung oder Entzündung mehr vorhanden war.

Anmerkung:

Zwei andere Patienten berichteten über Nebenhöhlenentleerung am zweiten Tag der Rebounder Benutzung. Andere berichteten über Schleimabsonderung in verschiedenen Stadien aus Nebenhöhlen und Lungen. Meine Frau und ich machten beide diese Erfahrung.

Cheryl F., 29 Jahre alt:

Krankheitsgeschichte:
Asthma seit dem siebten Lebensjahr.

Beschwerden:
Asthma verschlimmerte sich bei Anstrengung und Ventolin-Spray wurde dann notwendig. Konnte nicht rennen oder andere Anstrengung riskieren.

Behandlung:
Therapie sprach nur schwach an. Hatte oft für mindestens eine Woche gefastet.

Rebounder:
Bemerkte nach 2 Wochen bedeutende Verbesserung in Energie und Wohlbefinden. Kann jetzt rollschuhlaufen, mit dem Fahrrad fahren, wandern und klettern, ohne Benutzung des Ventolin-Sprays. Kann jetzt auch Joggen, was vorher überhaupt nicht möglich war. Sie erlebte starke Schleimabsonderung, zunächst sehr tiefsitzend und schwer. Sie hat sich noch nie so wohl gefühlt in ihrer gesamten Asthmazeit, obwohl ihr Zustand noch unstabil ist. Die Patientin hat auch zwei Kilo in einer Woche abgenommen und hält sich an eine strikte Diät.

Es folgen Auszüge aus Briefen, die persönliche Erfahrungen mit dem Trimilin beschreiben:

P.S., Schmitten

Ich hatte in den letzten Jahren sehr oft mit Arthrose zu tun, was nun vollkommen verschwunden ist. Auch gegen Darmträgheit leistete das Trimilin wertvolle Dienste.

Ich bin mit meinen 70 Jahren noch entscheidend in meinem Geschäft, einem Tiefbau- und Sprengunternehmen tätig. Ich fühle mich, seitdem ich das Gerät benutze, in bester Verfassung. Außerdem erspart es mir die oft notwendigen Diätkuren.

Ich kann nur jedem, vor allem wenn man im vorgerückten Alter ist und noch fit bleiben will, empfehlen, dieses Gerät zu benutzen.

Dr. med G.B., Hanau

Das Gerät wirkt mit Sicherheit der Darmträgheit sowie der Gesamtverschlackung entgegen.

Seine routinemäßige Benutzung verbessert die Gesamtgesundheit und läßt Fastenkuren überflüssig werden. Ich empfehle Patienten das Gerät.

Frau S.B., München

Das Springen auf dem Trimilin ist mein einziger Sport, den ich ausübe. Und auf diese Weise baue ich langsam, aber sicher meine Pfunde ab. Das ist in meinem mittleren Lebensalter eines meiner größten Probleme.

Ich springe etwa 10 Minuten am Morgen. Sobald ich aussetze, geht mein Gewicht wieder hoch und ich fühle mich auch nicht so fit.

Mein Gleichgewichtssinn, der sehr schlecht war und gepaart mit Schwindelgefühl, hat sich wesentlich gebessert.

Herr W.P., Waldsassen

... In 1980 schwollen zuerst das linke Fußgelenk und dann das rechte Knie an und schmerzten so, daß ich bald keinerlei Gymnastik mehr machen konnte. Es dauerte nicht mehr lange, bis fast alle Gelenke entzündet waren und ich kaum mehr liegen, sitzen, stehen, geschweige denn gehen konnte....

An Weihnachten 1981 fing ich mit dem "Trimilin-Hüpfen" ganz langsam an. Anfangs schmerzten alle Gelenke, Glieder und Knochen fürchterlich. Doch schon bald wurde mein Gesundheitszustand besser. Die Muskeln strafften sich langsam aber sicher und schon im Sommer 1982 machte ich mit meinen Wanderkameraden wieder eine größere Wanderung vom Dreisesselberg bis nach Spitz an der Donau. Es ging zwar noch sehr schwer und die Gelenke schwollen wieder etwas an. Doch im letzten Jahr (1983) konnte ich schon eine ausgedehnte Wanderung durch die Steiermark über den Ötscher bis zum Hochschwab ohne Beschwerden machen.

Nun ist auch mein Blutbild wieder in Ordnung...

Das tägliche Hüpfen auf dem Trimilin möchte ich nicht mehr missen, obwohl ich nun auch wieder mit anderen Geräten üben kann. Das Trimilin erfreut sich in meiner Familie größter Beliebtheit, da es nicht nur die Bänder, Muskeln und Sehnen stärkt, sondern auch die Verdauung anregt und ungemein lockert und entspannt.

Auch meine Geschwister haben inzwischen ihr Trimilin, und ich werde bald ein zweites anschaffen müssen, um die morgendlichen Wartezeiten meiner Familienmitglieder vor diesem Gerät abzubauen.

Herr W. Sch., Neustadt

Das Trimilin Ihres Hauses hat meine schmerzfreie Beweglichkeit nach einem eindeutig diagnostizierten Bandscheibenvorfall wieder hergestellt. 15 Monate hatten mehrere Fach-Mediziner in zwei Krankenhäusern mit den verschiedensten Therapien (Fangopackungen, Extensionen, Bewegungsbädern, Heilgymnastik etc.) erfolglos versucht, Besserung zu erreichen. Allerdings trat diese erst ein, nachdem ich ca. 6 Wochen das von Ihnen vorgeschlagene Übungsprogramm absolviert hatte.

Erfahrungsbericht über **Frau D.H., Seattle, Washington**:

Mit 67 ist sie eine quicklebendige, junge Dame. Jünger als vor 3 Jahren, als die Ärzte ihr sagten, daß sie bald im Rollstuhl sitzen müsse aufgrund ihres Zustandes. Diese niederdrückenden Nachrichten haben sie jedoch nicht erdrückt. Sie hatte mit ihrem 7,6 cm kürzeren linken Bein ihr ganzes Leben lang gelebt. Im Alter von 10 Monaten hatte sie Polio, was ihr Wachstum auf der linken Seite beeinträchtigte. Durch besondere Anstrengungen lernte sie mit beiden Händen Schreibmaschine schreiben; ihr linker Fuß aber blieb kalt und gefühllos.

Mit 64, und der Aussicht auf einen Rollstuhl, wurde sie durch Jerry Hinkle auf Rebounding aufmerksam. Sie begann mit gewissenhaftem Training auf einem Rebounder. In weniger als einem Monat bemerkte sie, daß sie das Gehen wieder von vorn erlernen mußte, denn sie war jetzt fähig, ihre linke Ferse auf den Boden zu bringen, etwas was sie in ihrem ganzen Leben nicht hatte tun können. Nach 6 Monaten Rebounding rief sie mich an: ihr Arzt habe ihr mitgeteilt, daß sie an Wachstumsschmerzen leide - so wie ein 7-jähriges Kind. Die Muskeln ihrer linken Seite und entlang der Wirbelsäule wurden stärker. Ihr Arzt stellte fest, daß sie 5 cm größer sei. Sie berichtet, daß ihre Augen sich so verbessert hätten, daß sie ihre Brille nur noch zum Lesen aufsetzen müsse. "Rebounding ist viel besser, als im Rollstuhl zu fahren" meinte sie.

Und wann beginnen Sie mit

Rebounding?

Nähere Informationen über
ein für Sie passendes Gerät erhalten Sie
bei folgender Adresse:

Heymans
GmbH & Co. KG

Dünzelbach 57, 82272 Dünzelbach
Tel. 0 81 46/99 68-0 · Fax 0 81 46/99 68-50
Internet: www.heymans.de